Odilo Lechner
Hans-Günther Kaufmann

Wegmarken

Odilo Lechner
Hans-Günther Kaufmann

Wegmarken

Ein Meditationsbuch

Kösel

Der Verlag weist ausdrücklich darauf hin, dass im Text enthaltene externe Links vom Verlag nur bis zum Zeitpunkt der Buchveröffentlichung eingesehen werden konnten. Auf spätere Veränderungen hat der Verlag keinerlei Einfluss. Eine Haftung des Verlags ist daher ausgeschlossen.

MIX
Papier aus verantwortungsvollen Quellen
FSC® C005833
www.fsc.org

Verlagsgruppe Random House FSC® N001967

Neumarkter Str. 28, 81673 München
Umschlag: Weiss Werkstatt München
Umschlagmotiv: Hans-Günther Kaufmann
Satz: Leingärtner, Nabburg
Druck und Bindung: Těšínská tiskárna, Český Těšín
Printed in the Czech Republic
ISBN 978-3-466-37163-1
www.koesel.de

Dieses Buch ist auch als E-Book erhältlich.

Vorwort

Jeder von uns ist schon viele Wege gegangen, mühsame und bequeme, solche, die Freude machen und rasch zum Ziel führen, und solche, die sich als Irrwege herausstellen. Schon viele Jahre begleiten mich Bilder des Fotografen Hans-Günther Kaufmann, die mich immer wieder einladen, zunächst einmal mit meiner Fantasie Wege durch die Natur, Wege durch unsere Heimat zu gehen. Er war einst zu mir gekommen und bat um Texte zu Bildern, die Schönheit und Glanz unserer Heimat, »der bayerischen« Feste und Bräuche darstellten. Ich war davon nicht begeistert, auch wenn es mich freute, dass ein berühmter Modefotograf, in der weiten Welt zu Hause, die Schönheit unserer bayerischen Heimat entdeckt hatte. Aber das war ja mehr ein Sonntagskleid und hatte mit dem wirklichen Leben nicht allzu viel zu tun. Hans-Günther Kaufmann ließ sich freilich nicht abweisen, verbrachte auch ein paar Tage im Kloster und kam nach einiger Zeit mit Fotos, die auch unseren Alltag vor Augen stellten. Und ich bewunderte, dass auf diesen Bildern nicht nur das Äußere eingefangen war, sondern dass da ein innerer Zusammenhang des Ganzen und ein inneres Mitfühlen spürbar wurden. So gaben wir dem ersten gemeinsamen Buch den Titel »Mit den Augen der Seele«. Die Seele kann ja hinter den äußeren Fakten auch einen tieferen Zusammenhang erspüren.

Wir wissen, wie verschieden man etwa einen Wald betrachten kann: Ich kann an den

Bäumen ihr Alter berechnen, ich kann auf den Nutzwert schauen und überlegen, wie viel nach einem bestimmten Zeitraum die gefällten Bäume an Geld bringen können. Ich kann mir Gedanken machen, wie für den Fremdenverkehr neue Wege und Pfade erschlossen werden können. Aber ich kann mich auch einfach dem Ganzen überlassen, dem Licht, das von oben einbricht, den mächtigen Stämmen und den zarten Blättern, den Wurzeln, die den Boden durchziehen, den Vögeln und Insekten auf ihrem Flug. Das innere Fühlen kann das Ganze erfassen und einfach sich an der Schönheit erfreuen.

Als das Buch 1984 erschien, auch mit einigen Texten, die schon vorher gedruckt waren, stellte ich mit Erstaunen fest: Die Texte mit den Bildern daneben berührten Menschen ganz anders als vorher, da sie nur den Text gelesen haben. So laden auch die hier veröffentlichten Bilder ein, den tieferen Zusammenhang unserer Wege zu erahnen und sich zum je eigenen Weg ermutigen zu lassen.

Die Bilder in diesem Buch von Hans-Günther Kaufmann zeigen freilich nicht nur die Wege durch die Natur, sie zeigen auch Zeichen, wie wir sie gerade in unserer bayerischen Landschaft immer wieder vorfinden: Kapellen und Wegkreuze, Türme und Kirchen. Sie werden von uns nicht als Fremdkörper empfunden, sondern als Wegmarken.

Weg ist ja in der Bibel ein Urwort: der Weg, auf den Gott den Menschen ruft; der Weg Abrahams in eine neue Heimat; der Weg Israels aus der ägyptischen Gefangenschaft; der Weg der Heimkehr aus Babylon. Lukas schildert das Leben Jesu vom 9. bis zum 19. Kapitel seines Evangeliums als Weg nach Jerusalem. Und die Bezeichnung für die ersten Christen ist »Anhänger des (neuen) Weges« (vgl. Apg 9,2).

Selbstverständlich wird jeder Betrachter dieser Bilder ganz Verschiedenes empfinden. Er soll sich seinen eigenen Gedanken und Gefühlen überlassen, etwas für seinen eigenen Weg entdecken und doch zugleich erfahren, dass wir alle auf einen gemeinsamen Weg gerufen sind.

Wenn jeweils bei einem Text auch ein Psalmvers angegeben ist, dann kann das anregen, ihn öfters zu wiederholen, sich ihn anzueignen, zu einer Wegmarke werden zu lassen. Die Psalmen sind ja seit fast drei Jahrtausenden Wegbegleiter, Lieder des alttestamentlichen Gottesvolkes, Lieder einzelner Menschen und dann Lieder des ganzen Volkes, Lieder, wie sie Jesus in ganz neuer und tieferer Weise gebetet hat, Lieder, die zum Gebet der Christenheit wurden, immer wieder neu Ausdruck eigener Sehnsucht und Hoffnung.

Zusatzbemerkung: Die »Wegmarken« berücksichtigen die Abfolge im Kirchenjahr 2017 (Fastenzeit und Osterzeit). In den nachfolgenden Jahren müsste man einige Verschiebungen vornehmen.

Für die Erstellung des Textes bin ich der Sekretärin, Frau Sieglinde Aumann, sehr dankbar.

Da ist ein Weg, der mich einlädt, weiterzugehen, durch den Birkenwald, durch das neue Jahr. Er verheißt mir Zukunft. So viele schöne Wege sind angelegt, die durch die Natur führen, die Menschen, die Orte miteinander verbinden. Auch für mich gibt es immer wieder einen Weg in die Zukunft. Die Erinnerung an gute Wege gibt uns auch die Hoffnung, dass immer wieder sich ein Weg auftut, auch wenn wir manches Bedrängende vor uns sehen. Die Heilige Schrift erinnert uns immer wieder an gute Wege: »Einst hast du Herr, dein Land begnadet« (Ps 85,2). Und diese Erinnerung gibt Mut für die Zukunft, dass Gott uns wieder aufrichtet: »Ich will hören, was Gott redet. Frieden verkündigt der Herr seinem Volk« (Ps 85,9). Das kann uns zur Gewissheit werden. Auch wo ich mit Angst in die Zukunft blicke, ich glaube daran, dass sich immer wieder neu ein guter Weg auftut. Benedikt verheißt in seiner Regel den Mönchen, auch wenn der Weg zunächst hart erscheint: *Wer im Glauben voranschreitet, dem wird das Herz weit.*

Ich eile voran auf dem Weg deiner Gebote,
denn mein Herz machst du weit.

Psalm 119,32

Es ist gut, uns an Schönes zu erinnern, an eine Landschaft etwa, in der wir ganz ruhig werden konnten. Der Blick geht auf einen See, der vor meinen Augen daliegt. In ihm spiegeln sich Bäume des Waldes, die Helle des Himmels und die Bewegung der Wolken. Erinnern heißt ja, dass in meinem Inneren etwas bewahrt wird, was für mich wieder lebendig werden kann. Da spüre ich etwas vom Frieden und von der Herrlichkeit Gottes. Solche Herrlichkeit soll immer in der Erinnerung bleiben und lässt uns voll Hoffnung in die Zukunft gehen.

Ich denke an dich auf nächtlichem Lager
und sinne über dich nach, wenn ich wache.
Jubeln kann ich im Schatten deiner Flügel.

Psalm 63,7f

Natürlich gibt es nicht nur die Erinnerung an schöne Landschaften, an Augenblicke der Herrlichkeit. Es gibt auch die dunklen Wälder, die harten abweisenden Felsen. Es gibt die dunklen Gefahren, die uns Angst machen, es gibt die Zweifel, ob wir einen Weg durch die Schwierigkeiten des Lebens finden. Wir brauchen Wegweiser durch das Dunkel der Welt. Da sehen wir den Kirchturm, der nach oben weist. Da sehen wir über den Felsen und dem wilden Wald wiederum einen heiligen Ort. Er zeigt: Auch dort hinauf muss es einen Weg geben. Der Glaube an Gott, an die Gemeinschaft der Glaubenden, an seine Gegenwart unter uns schenkt Zeichen der Hoffnung. Solche Zeichen dürfen wir immer wieder entdecken. Solche Zeichen dürfen wir gemeinsam setzen. Wegmarken, die uns versichern: Hab keine Angst vor den Wirrsalen und Dunkelheiten.

Muss ich auch wandern in finsterer Schlucht.
Ich fürchte kein Unheil: Denn du bist bei mir,
dein Stock und dein Stab geben mir Zuversicht.

Psalm 23,4f

Der Blick geht über die bewaldeten Hänge auf den Felsgipfel, der sich inmitten mannigfaltiger Wolken erhebt. Mein Auge wandert über die Landschaft und die vielfältigen Wolkengebilde. Aber es kehrt immer wieder zurück zu diesem Felsgipfel, der fest steht, unverrückbar bleibt in allem Wechsel von Schatten und Licht, in aller Bewegung dieser unserer Welt. Es tut gut, an solchem Felsen eine bleibende Orientierung zu haben. Da kann mein Auge, da kann mein unruhiges Leben sich festhalten. Da kann meine Seele einen Halt finden, da kann ich bleiben. Im raschen Wechsel der Beschäftigungen und Ablenkungen, der immer neuen Nachrichten und Bilder spüre ich das Bleibende. Ich denke an das Psalmwort: »Du, Herr, bist mein Fels.« Auch wenn dieser feste Berg seine Entstehungsgeschichte hat und irgendeinmal verfallen wird, sein Anblick gibt mir die Gewissheit: In allem Wandel ist das Bleibende, der Bleibende schlechthin.

Sei mir ein sicherer Hort, zu dem ich allzeit kommen darf.
Du hast mir versprochen zu helfen,
denn du bist mein Fels und meine Burg.

Psalm 71,3 f

Mein Blick wandert von der Stabilität des Felsens zur Mobilität der Wolken am Himmel. Welch wunderbare Bewegung, welches Spiel von Licht und Schatten. Auch dies ist ein Bild des Göttlichen, das aller Bewegung, aller Entwicklung der Natur, allem Wandel der Geschichte innewohnt. Augustinus spricht immer wieder davon, dass die Schönheit des Seienden ein Lobpreis Gottes ist, das freilich in unserer confessio, in unserem preisenden, lobenden Bekenntnis vollendet wird.

Lobet den Herrn vom Himmel her,
lobt ihn in den Höhen ...
sein Name allein ist erhaben,
seine Hoheit strahlt über Erde und Himmel.

Psalm 148, 1.13

In unseren Barockkirchen finden wir häufig Darstellungen des Kindes. Selbstverständlich ist es vor allem das Kind auf dem Schoß der Muttergottes. Aber eine Flut von Engeln in kindlicher Gestalt erfüllt die ganze Kirche. Man mag das als Verniedlichung der Engelsgestalt bedauern. Aber so wichtig uns mächtige Engelsgestalten wie Michael und Gabriel sind, so teilt sich uns die Welt Gottes, die Welt des Himmels doch auch gerade im Kindlichen und Unbeschwerten, im Spielerischen mit. Das Geheimnis des Kindes war ja Jesus ungeheuer wichtig. *»Lasst die Kinder zu mir kommen … Menschen wie ihnen gehört das Reich Gottes«* (Mk 10,14). Und wir Menschen, die wir nach der eigenen Größe streben, hören wie die Apostel: *»Wenn ihr nicht werdet wie die Kinder, könnt ihr nicht in das Himmelreich kommen. Wer so klein sein kann wie dieses Kind, der ist im Himmelreich der Größte«* (Mt 18,3 f). So dürfen wir uns immer wieder an Kindern, ihren strahlenden Augen, ihrer Unbeschwertheit und Fröhlichkeit freuen.

Ich ließ meine Seele ruhig werden und still;
wie ein kleines Kind bei der Mutter
ist meine Seele still in mir.

Psalm 131,2

Wir suchen immer wieder auf den Anfang zu blicken, den Anfang unseres Lebens und den Anfang menschlicher Geschichte. Wir dürfen uns daran erinnern lassen durch den Blick auf das göttliche Kind wie hier im Augsburger Dom. Kinder sind Zeichen des Anfangs, der Hoffnung, der Freude. Das ist weihnachtliche Freude: Das göttliche Kind ist mitten in unserer Welt, ein neuer Anfang.

Freilich: Dieses Kind hält in der Hand schon das Kreuz. Es tritt ein in eine Welt von Dornen und Disteln, in eine Welt mit allem, was Menschenleben einengt, bedroht, verdunkelt. Es wird seinen Weg gehen, den Weg einer frohen Botschaft, die Menschen aufrichtet und heilt. Aber zum Weg gehören auch Ablehnung, Enttäuschung, die Angst vor dem Kommenden – bis zum blutigen Schweiß am Ölberg. Und doch dürfen wir uns an diesem Kind freuen. Dieser Weg führt durch das Kreuz zu ewiger Jugend.

Im göttlichen Kind liegt die Verheißung, dass der ganze Weg unseres Lebens und der Menschheit zu einer Fülle führt, die den Glanz des Anfangs bewahrt und vollendet.

Mein Flehen komme vor dein Angesicht.
Reiß mich heraus getreu deiner Verheißung.
Meine Zunge soll überströmen von Lobpreis.

Psalm 119,170f

AMOR

Oft sehe ich in einer schönen Kirche, wie Menschen sie besichtigen, den Raum durcheilen und rasch von allem ein Foto machen. Hier hat eine Familie sich in Ruhe in der Bank niedergelassen, schauend, nachdenkend, betend. Kirche soll ja ein Raum der Sammlung sein, eine Versammlung von Menschen, die spüren, dass das Viele eine große Einheit bildet. Vielleicht genügt es, einfach zu schauen, den Zusammenhang der vielen Gestalten im ganzen Raum zu erspüren. Vielleicht wird einer einfach ganz ruhig. So vermag die Vielfalt des eigenen Lebens, der Eindrücke und Erlebnisse sich verbinden zu einer Gesamtschau. Und so mag einer auch zum Beten kommen, sich angenommen fühlen von dem Einen, der die Vielfalt geschaffen hat, der gegenwärtig ist im Tabernakel, der mich anblickt, der mich anruft, der zu mir sagt: *»Da bist du daheim«*.

Komm wieder zur Ruhe, mein Herz:
Denn der Herr hat dir Gutes getan.

Psalm 116,7

Immer wieder kann ich froh werden wie hier am Seehamer See. Ich kann mich freuen etwa an den vielen Enten im Wasser und in der Luft. Aber ich freue mich auch mitten in der Münchner Großstadt, dass da fast täglich drei schöne Enten über die vielen Dächer fliegen und sich dann in unserem Klostergarten an einem Brunnenrand niederlassen, sich ins Wasser begeben und eine Zeitlang an diesem Ort bleiben. Der evangelische Pfarrer Ludwig Steil (im Januar 1945 im KZ Dachau umgekommen) schrieb aus dem Gefängnis am 34. Tag nach seiner Verhaftung an seine Frau, er habe in der kargen Suppe ein Lorbeerblatt gefunden, es auf den Rand gelegt und die dünne Verästelung bewundert. »So erinnert uns Gott auch in einer Umgebung, in der alles fehlt, was lieblich ist und wohl lautet, an die Schönheit seines Reiches. Es hat mir noch an keinem Tag an Grund zum Danken gefehlt.« Glücklich, wer das Danken nicht vergisst.

Lobe den Herrn, meine Seele,
und vergiss nicht, was er dir Gutes getan hat.

Psalm 103,2

Benedikt hat in seiner Regel ein eigenes Kapitel über die Fastenzeit geschrieben. Da sollen die Mönche in aller Lauterkeit auf ihr Leben achten, frühere Nachlässigkeiten tilgen, aber zugleich »mit geistlicher Sehnsucht und Freude das heilige Osterfest erwarten«. Unser Weg kann uns wie hier am Walchensee durch einen dunklen Wald und unebenes Gelände führen, aber dann doch zum See in strahlender Helle führen. Es gibt in unserem Leben immer wieder Zeiten, in denen uns mühsame Arbeit, harte Auseinandersetzung und Anstrengung auferlegt sind, wir dürfen aber auch schon auf das Ziel blicken: dass sich die harte Vorbereitung auf eine Prüfung rentiert, dass eine medizinische Behandlung, die manchmal qualvoll sein kann, zu einem Erfolg führt, dass schließlich ein Leben mit Qualen und Ängsten doch in eine endgültige Befreiung führt. So können wir zu manchem Verzicht und manchem Schweren Ja sagen im Blick auf die Vollendung bei Gott.

Deinen Vorschriften neige mein Herz zu,
doch nicht der Habgier!
Wende meine Augen ab von eitlen Dingen;
durch dein Wort belebe mich.

Psalm 119,36f

Vor einer Kirche, wie hier in Gaißach, sehen wir Kinder und Frauen mit Freude in den Sonntagsgottesdienst gehen, um teilzuhaben an einer Gemeinschaft der Hoffnung, an einem neuen Anfang im Auf und Ab des Lebens. Oder bleiben wir, wie es bei uns in Bayern bei manchen Männern Sitte war, einfach draußen, ohne einzutreten, ohne sich vom heiligen Geschehen berühren zu lassen? Es mag ja auch sein, dass wir im Kirchenraum nicht berührt werden, weil die gesprochenen Worte beim Beten nur heruntergeleiert scheinen, weil die des Predigers uns langweilen, weil alles so bleibt wie zuvor. Wir stehen immer wieder vor einer Entscheidung, ob wir in unserem Leben alles einfach laufen lassen. Oder halten wir inne, geben uns hinein in eine gemeinsame Erwartung, lassen wir uns ein auf das, was uns im Leben Sinn und Richtung gibt?

Festige meine Schritte, wie du es verheißen hast.
Lass kein Unrecht über mich herrschen.

Psalm 119,133

In der kostbar ausgestatteten Kirche zu Flintsbach sehe ich im vornehmen Rahmen das Bild des mit Dornen Gekrönten und fühle mich von ihm eindringlich angeschaut. Er scheint mich zu fragen, ob ich mich auch in einer komfortablen Umgebung betroffen fühle von seinem Leid und vom Leid der Welt. Jesus, der Gesalbte, der die Botschaft der Liebe und der Versöhnung voller Hingabe verkündet hat, ist auf Ablehnung und Schmähung gestoßen, wird verspottet, gequält und zum Tod verurteilt. So steht die Frage vor mir: Willst du in deinem vielleicht recht angenehmen Leben wegschauen von allem Elend in der Welt? Kannst du übersehen, was vielleicht auch in deinem Leben an Bitterem auf dich zukommt? Werde ich ergriffen vom Schicksal des wahrhaft Gerechten, der die unendliche Liebe Gottes zu mir, zu allen Menschen, zur ganzen Welt verkörpert und darum in das Leid dieser Welt hineingeht und den feindlichen Hass erträgt? Nehme ich mir Zeit, mich diesem Blick zu stellen, auch die Bedrohung und das Scheitern in meinem Leben und in der Welt anzunehmen?

Meine Kehle ist trocken wie eine Scherbe, die Zunge klebt mir am Gaumen, du legst mich in den Staub des Todes. Du aber, Herr, halte dich nicht fern.

Psalm 22,16.20

Wir werden in unseren Kirchen, auch in den farbenfrohen und beschwingten Räumen, mit Leiden und Sterben unseres Herrn konfrontiert, aber zugleich mit dem Mitleiden des Menschen, wie hier in Weihenlinden mit den sieben Schmerzen Mariens, die wie Dolche in ihr Inneres dringen. Kopf und Arm ihres geschundenen, getöteten Sohnes hält sie an ihr eigenes Herz. Das Mitleiden gehört zur Geschichte ihres Sohnes. In seinem Leben und Wirken ist das Mitleid mit den Hungernden und Kranken, mit der hilflosen Menschheit zu spüren. Er nimmt freilich auch die Qual auf sich, dass andere Menschen seinetwegen leiden, nicht zuletzt seine Mutter, die immer wieder sein Weggehen, sein Anderssein annehmen und ertragen muss. Maria ist die große Mitleidende, die den Gemarterten anblickt und trägt mit der großen Frage »Warum«, mit der entschlossenen Hingabe, seinem Gedächtnis und seinem Werk zu dienen.

Ich bin hingeschüttet wie Wasser,
gelöst haben sich all meine Glieder.
Meine Seele, sie lebt für ihn;
mein Stamm wird ihm dienen.

Psalm 22,15.31

In den Schwierigkeiten des Lebens, in Not und Verzweiflung wird das Gebet besonders wichtig und notwendend. Wir dürfen auf einen Engel in Bernried blicken, der mitten in der Natur ganz gesammelt ist, uns anleitet, uns zu sammeln, auf den Herrn in der Ferne oder in uns selber zu blicken, vor ihm klein zu werden und unser Flehen hineinzugeben in die gefalteten Hände. Der ganze Mensch darf sich im Beten Gott übergeben, mit seinen Nöten und Wünschen, aber auch mit seinen Zweifeln und Fragen. Der ganze Mensch, sein ganzes Herz darf sich ihm zuwenden. Jesus selber hat mit der großen Frage »Warum« sein Leben beendet: »Mein Gott, mein Gott, warum hast du mich verlassen?« (Mt 27,46; Mk 15,34). Wie der Engel dürfen wir alles Gott sagen, bei Gott bleiben und alles ihm übergeben.

Die ihr den Herrn fürchtet, preist ihn …
denn er hat nicht verachtet,
nicht verabscheut das Elend des Armen.
Er verbirgt sein Gesicht nicht vor ihm.

Psalm 22,24f

Mit dem Palmsonntag beginnt die Heilige Woche, die sehr Verschiedenes vereint: den Einzugsjubel in Jerusalem und die Geschichte des Leidens und Sterbens Jesu. Am Gründonnerstag: das Geschenk der Abendmahlsgemeinschaft und die Qual und Angst des Ölbergs. Am Karfreitag noch einmal die Leidensgeschichte des Herrn, aber zugleich die feierliche Verehrung des Kreuzes als Zeichen der Erlösung. So blicken wir in die Dunkelheit des Leides und die Dunkelheit der Welt und sehen im hellen Licht den Gekreuzigten, der das Dunkel der Welt besiegt hat. Wenn das Leiden und Sterben Jesu in so vielen Kruzifixen vor uns steht, dann ist damit nicht Leiden und Sterben als solches verherrlicht. Freilich ist der Widerwille vieler Menschen gegen die Kreuzesdarstellung in unserem Land doch wohl eher eine Flucht vor dem Dunkel in unserem Leben und vor dem unvermeidlichen Tod. Im Kreuz ist Heil – wenn wir darauf blicken, können wir uns dem Schwierigen und Entsetzlichen stellen und spüren, dass sich das Dunkel für uns in Licht verwandelt.

Ich bin gering und verachtet,
doch ich vergesse nie deine Befehle.

Psalm 119,141

I.N.R.I.

Friedhöfe künden vom Dunkel des Todes, erinnern an die Vergangenheit von Menschen, die uns lieb waren. Die Grabkreuze erinnern uns freilich daran, dass der Tod nicht die letzte Station eines Weges ist. Für den Glaubenden sagt das Kreuz, dass der Eine den Tod erlitten und ihn im Sterben für uns alle überwunden hat. So sehen wir etwa bei dem Grabkreuz in Flintsbach ganz groß den Auferstandenen, der als guter Hirte über das Irdische hinausweist, uns dem Dunkel entreißen will und mitnimmt in seine Herrlichkeit, in die Weite, in das Licht. Gerade wenn uns der Verlust eines lieben Menschen bedrückt, dürfen wir doch an der Vergangenheit nicht hängen bleiben, dürfen mit unseren Verstorbenen in die Zukunft blicken, an ihre Vollendung in Gott denken, an die gemeinsame Zukunft, die für uns alle Ostern heißt.

Gott ist ein Gott, der uns Rettung bringt,
Gott, der Herr, führt uns heraus aus dem Tod.

Psalm 68,21

Immer wieder darf ich das Geheimnis von Ostern erfahren. Der Tod ist überwunden, Christus mit der Osterfahne weist nach oben. Er, der Sieger über den Tod, will uns mit hineinnehmen in sein Leben. Den Osterjubel stellen die beiden Engel dar. Sie künden auf ihren Instrumenten, dass die Musik Erde und Himmel umgreift. Große Theologen wie Karl Barth freuten sich darauf, auch im Himmel etwa Musik von Mozart zu hören. So dürfen wir mit unseren Osterliedern, mit österlicher Musik etwas von unserer Vollendung, etwas von unserer Zukunft, von unserer Teilhabe am Sieg Christi über Verderben und Tod erspüren. Es ist der Jubel, der uns wie diese Engel mit Christus verbindet, der uns leicht und beschwingt macht. Unsere wahre Freude kommt von dem, der den Tod überwunden hat.

Du hast mein Klagen in Tanzen verwandelt. Hast mir das Trauergewand ausgezogen und mich mit Freuden umgürtet. Darum singt dir mein Herz und will nicht verstummen. Herr, mein Gott, ich will dir danken in Ewigkeit.

Psalm 30,12 f

Der Osterausflug mag uns zu einer Anhöhe führen, die man zu Fuß oder mit dem Fahrrad erklimmen kann. Sie lädt uns zur Rast unter einem einsamen starken Baum neben einer kleinen Kapelle ein. Der Baum ist wie geschaffen, diesen Aussichtspunkt zu markieren. Und die von den Menschen geschaffene Kapelle will helfen, hier dankbar zu verweilen. Wir dürfen den Blick schweifen lassen über den Chiemgau und den weiten Himmel. Helle Wolken senken sich herab, so dass das Land in die Weite des Himmels übergeht. Der Blick könnte sich in dieser Weite verlieren. Baum und Kapelle ermöglichen mir Standfestigkeit, ein ruhiges Bleiben und zugleich die Ahnung der Unendlichkeit, der unsere Seele entgegenschreitet.

Lobe den Herrn, meine Seele, und vergiss nicht,
was er dir Gutes getan hat.
Der dein Leben vor dem Untergang rettet
und dich mit Huld und Erbarmen krönt.

Psalm 103,2f

In die Weite der Welt, in das Dunkel der Erde, in den weißen Streifen der Wolken strecken sich aufblühende Zweige hinein, von der Frühlingssonne beschienen, voller Licht und Kraft. Bei jedem Frühlingsspaziergang dürfen wir uns an der aufblühenden Natur erfreuen. Wir dürfen im Inneren spüren: Auch in uns gibt es neuen Anfang. Auch wenn wir müde werden, enttäuscht sind von Misserfolg, von allem Durchkreuztwerden unserer Zukunftserwartungen – es darf doch immer wieder Hoffnung aufblühen. Diese Hoffnung schenkt uns Christus: Seine Botschaft der Liebe, die Verwandlung der Welt scheint gescheitert in der Verlassenheit, im Tod am Kreuz. Für den, der sich der österlichen Botschaft öffnet, blüht die unbesiegbare Hoffnung auf, dass die Liebe Gottes alles Nein, alles Erstarren, allen Verfall überwindet. Auch in mir soll die österliche Hoffnung immer neu aufblühen.

Erschaffe mir, Gott, ein reines Herz
und gib mir einen neuen, beständigen Geist.
Mach mich wieder froh mit deinem Heil,
mit einem willigen Geist rüste mich aus.

Psalm 51,12.14

Ein barocker Engel kann uns ermutigen, offen, erwartungsvoll in die Zukunft zu blicken, Gutes zu erwarten, beflügelt zu sein. Auch Künstler des 20. Jahrhunderts wie Marc Chagall oder Paul Klee haben das Geheimnis des Menschen und seiner Begegnung mit dem Unendlichen durch viele Engelbilder ausgedrückt. Der Blick des Engels ist offen, staunend, Gutes erwartend. Uns fällt es oft schwer, so offen in die Zukunft zu blicken. Unser Misstrauen scheint ja auch berechtigt zu sein, wenn wir all den Nachrichten über Katastrophen, feindselige Attacken und das Scheitern guter Bemühungen in der Welt glauben. Vor all dem sollen wir ja auch unsere Augen nicht verschließen. Und doch dürfen wir mit den Engeln auf die uns oft verborgen scheinende Güte Gottes vertrauen, die auch das Schlimmste zum Guten wenden kann. »Engel … berühren in aller Stille dein wundes Herz und lassen dich wundersam verwandelt zurück« (Christa Spilling-Nöker).

Lobt den Herrn, ihr seine Engel,
ihr starken Helden, die seine Befehle vollstrecken,
seinen Worten gehorchen.

Psalm 103,20

Unser Blick ist auf ein blühendes Feld, dahinter auf einen langgestreckten Wald, darüber auf unseren weiß-blauen Himmel gerichtet. Wir wissen nicht, was aus den Feldern und Bäumen wird, ob nicht dunkle Wolken aufziehen werden und ein Unwetter bringen. Aber da ragen hinter dem Feld und den Bäumen die zwei Türme der Kirche von Weihenlinden auf. Sie sind für mich zwei Zeugen – in der Heiligen Schrift sind oft zwei Zeugen erst glaubwürdig. Sie bestätigen einander die Wahrheit dessen, was sie verkünden. Auf den Wegen durch unser Land weisen Türme mich immer wieder darauf hin: Richte deine Augen, richte deine Seele nach oben. Türme grüßen von weitem und du kannst auf sie zugehen. Du kannst darauf vertrauen, dass hier glaubende und hoffende Menschen gelebt und gebaut haben – in der Gewissheit, dass ihr Leben einen Sinn hat, dass wir auf ein großes Ziel zugehen, der einzelne Mensch und die menschliche Gemeinschaft.

Denn so hoch der Himmel über der Erde ist,
so hoch ist seine Huld über denen, die ihn fürchten.

Psalm 103, 11

Ein wenig Licht fällt auf die Pflanzen vor einer dunklen Schlucht. Aber sie ist nicht ganz dunkel, in der Mitte leuchtet hell der Schirm eines Drachenfliegers auf. Es ist das Bild uralter Sehnsucht, sich über die Erde erheben, fliegen zu können. Noch vor aller modernen Flugtechnik beeindruckt uns der Versuch der Menschen, sich über die Schwere der Erde zu erheben, getragen zu werden von der Luft, vom Wind. Wenn die Evangelien vom Ende der Sichtbarkeit Jesu Christi berichten, dann lässt vor allem das Lukasevangelium (Lk 24,51) und die Apostelgeschichte (Apg 1,9) Jesus zum Himmel auffahren. Dass ist die Ursehnsucht des Menschen, der sich aufrichtet, nach oben orientiert, der irdischen Schwerkraft sich entziehen möchte. Das Bild von oben und unten ist natürlich symbolisch zu verstehen. Wir sehnen uns nach Aufstiegen. Aber für die Jünger Jesu gilt: Wer sich selbst erhöht, wird erniedrigt werden, wer sich selbst erniedrigt, wird erhöht werden. In diese Erhöhung will uns das Fest Christi Himmelfahrt führen.

Ja, du hast mein Leben dem Tod entrissen,
meine Tränen getrocknet, meinen Fuß bewahrt vor dem Gleiten.
Du hast meine Fesseln gelöst.

Psalm 116,8.16

Ein Mädchen aus der Osterwähringer Pfarr fiel von einer Hollunderstaude
auf einen spitzen Zaunpfahl, der tief in den Leib drang. Dies sah M. Lanz und
verlobte sich für das Mädchen hierher, das wieder völlig geheilt wurde.
1625

Unser Leben kennt Erfolge und Niederlagen, Schönes und Bedrohliches. Die Votivbilder in unseren Kirchen und Kapellen erzählen von solchen Schicksalen und von mancher Erhörung der Hilferufe der Menschen. Da sind Krankheiten und Viehseuchen, Feuersbrünste und Kriegsgefahren, die uns auf diesen Bildern begegnen. Wir werden ermutigt zur vertrauensvollen Hinwendung zu Gott, zur Quelle des Lebens. So erzählt ein Votivbild von 1625 in Weihenlinden vom Sturz eines Mädchens von einer Holunderstaude und der Verletzung durch einen Zaunpfahl. Die fromme Frau, die es sah, flehte die Muttergottes an und das Mädchen wurde völlig geheilt. Der Lauf der Weltgeschichte und das persönliche Leben sind immer wieder bedroht. Menschen des Glaubens und der Hoffnung sind nicht von allem Unglück befreit, aber sie wissen um eine Quelle des Lichts, das auch die Dunkelheiten erhellen kann.

In meiner Not rief ich zum Herrn
und schrie zu meinem Gott.
Aus seinem Heiligtum hörte er mein Rufen,
mein Hilfeschrei drang an sein Ohr.

Psalm 18,7

In dem Wald vor uns drängt sich Baum an Baum, aber in der Mitte ist ein Freiraum, in dem viel Licht von oben einfällt. Das ist für mich ein Bild von Pfingsten. In eine scheinbar verschlossene Welt – so hatten ja auch an Ostern die Jünger aus Angst die Türen verschlossen – tritt der Auferstandene ein und haucht sie an, damit sie den Geist Gottes empfangen. So wirkt der Geist in der Geschichte von Anfang der Schöpfung an: »Gottes Geist schwebte über dem Wasser und Gott sprach: Es werde Licht« (Gen 1,2 f). So hat Gott dem Menschen aus Erde den Lebensatem eingehaucht. So werden in verhärteten, verschlossenen Situationen der Geschichte Propheten mit dem Geist Gottes erfüllt. So dürfen auch wir immer wieder ein neues Pfingsten erwarten: den Einbruch des Gottesgeistes in erstarrte Strukturen, in Gleichgültigkeit und in Verzweiflung der Menschen. So hat Papst Johannes XXIII. im Konzil die Kirche für das Wirken des Geistes geöffnet. So sehne auch ich mich danach, dass der Geist Gottes immer wieder in mein Leben eintritt und mich erfüllt.

Sendest du deinen Geist aus, so werden sie alle erschaffen
und du erneuerst das Antlitz der Erde.

Psalm 104,30

Immer vielfältiger ist unsere Welt geworden, immer mehr hat der menschliche Geist entdeckt an Millionen menschlicher Geschichte, an Milliarden von Werden und Vergehen unzählbar vieler Welten, an Reichtum der kleinsten Lebewesen und jeden Atoms. Freilich schon jedes Lebewesen birgt in sich eine Fülle von Einzelheiten, von Widersprüchen und Paradoxien. In unseren Barockkirchen blicken wir oft empor zu Darstellungen der Dreifaltigkeit, zum Bild letzter Einheit, die die Vielfalt von Welt und Geschichte umspannt. Das Schöpfungswerk wurzelt im persönlichen Gespräch von Vater, Sohn und Geist. Der bleibende Ursprung von allem ist Lebendigkeit. Der Geist in Gestalt der Taube durchstrahlt alles und ist die Mitte vom Vater, der die Welt trägt, und vom Sohn, der das Kreuz der Erlösung hält. Sie tragen in die Strahlen des Geistes die Krone, die alle Schöpfung und menschliche Geschichte krönt. Mein Blick nach oben wird hineingenommen in eine ursprüngliche Lebendigkeit, in ein Urwort, in eine umfassende Liebe.

Die Himmel rühmen die Herrlichkeit Gottes,
vom Werk seiner Hände kündet das Firmament.

Psalm 19,2

PONS

ET VERBUM CARO FACTUM
ET HABITAVIT IN NOBIS

Auf dem Petersberg bei Dachau ist eine Seitenkapelle dem heiligen Benedikt gewidmet und zeigt sein Hinscheiden. Auf dem Tabernakel in der Mitte unter dem schmalen Fenster lautet die lateinische Inschrift: *»Und das Wort ist Fleisch geworden und hat unter uns gewohnt.«* So ist Benedikt, gestärkt durch das Heilige Sakrament, in das ewige Leben hineingeschritten. Benedikt war bereit, dem Anruf des Herrn zu folgen und in seine Herrlichkeit einzutreten. Die Eucharistie ist die Vollendung des Weges Gottes in unsere Geschichte hinein. Wir dürfen als sterbliche Menschen den aufnehmen, der unser Bruder auf Erden geworden ist. Im sakramentalen Zeichen schenkt er uns Teilhabe an seiner Unsterblichkeit. Er will Brot, Nahrung sein für ein Leben, das den Tod überwindet. Der Tabernakel ist uns ein Zeichen, dass der ewige Gottessohn sich uns immer neu schenken will. Fronleichnam gibt uns diese Gewissheit, dass der Herr ganz in unserem irdischen Leben gegenwärtig ist und Anteil gibt an seinem ewigen Leben.

Lobt den Herrn, all seine Werke,
an jedem Ort seiner Herrschaft.

Psalm 103,22

Die Wanderung durch einen Wald öffnet mein Auge für die Vielfalt der Bäume. Kräftige Stämme, die fest verankert in der Erde sind, und schlanke und junge Bäumchen, die noch emporwachsen, dem Licht entgegen, verschiedene Blätter und Nadelzweige, dunkler Schatten und Einbrechen von hellem Licht. Naturforscher haben festgestellt, wie sehr Bäume durch ihre Wurzeln verbunden sind und auch einander zu Hilfe kommen, wo eine Infektion oder Mangel an Nahrungszufuhr einen Baum gefährdet. Die Vielfalt von Bäumen und Sträuchern lässt auch die Vielfalt der Menschen erahnen. Papst Franziskus hat in einer Ansprache vor Familien die Menschen mit einem Wald verglichen. Der junge Mensch soll daran denken, dass er sein Grün, seine Lebendigkeit den Wurzeln verdankt, der Generation der Großeltern, und dass er getragen ist vom Stamm, den Eltern. Und so kann er sagen, wir seien ein Wald voller Rücksichtnahme und Solidarität, ein großes Zusammen.

Achte auf den Frommen und schau auf den Redlichen.
Denn Zukunft hat der Mann des Friedens.

Psalm 37,37

Ein Blick in die Weite der Landschaft, in die Weite des Himmels, ein Blick, der aus dem Dunkel der Bäume und von einem Kruzifix unter dem Baum kommt. Die Kreuzesdarstellungen, die Übungen der österlichen Bußzeit haben nicht den Sinn, bei ihnen zu verweilen, sondern uns weiterführen zu lassen in die Zukunft, zum Heil, das uns im Kreuz erworben wurde. Wir dürfen nie vergessen, wodurch uns das Heil, der Blick auf eine schöne Zukunft zuteil wurde. Wir dürfen das, was uns erfreut, was ersehnte Zukunft ist, nicht für selbstverständlich nehmen, sondern als Geschenk der Liebe Gottes empfangen. Österlich leben heißt: im Kreuz das Zeichen einer unendlichen Liebe, das Zeichen der Solidarität Gottes mit uns Menschen zu sehen und von daher voller Hoffnung unseren Weg weiterzugehen, hinein in eine Weite, von der Wälder und Berge und die Vielfalt des Himmels uns ein Zeichen sind.

Lobe den Herrn, meine Seele, und alles in mir
seinen heiligen Namen.
Der dein Leben vor dem Untergang rettet
und dich mit Huld und Erbarmen krönt.

Psalm 103,1, 4

Ein Weg durch die Natur mag uns die Weite der Welt auftun: eine Wiese mit viel Gras, aber auch mit wunderbaren Blumen. Wir spüren die Kraft der Sonne, wenn wir zum Waldrand blicken. Dort sehen wir kleine Wegzeichen. Der Weg ist klein und unbedeutend vor der großen Wiese, dem langgestreckten Wald oder dem blauen Himmel. Wir spüren eine Weite, die sich über unseren Blick hinaus ausdehnt. Wir wissen um die vielen Menschen, die es auf dieser Erde gibt. Wir blicken auf die Geschichte der Menschen in vielen Jahrhunderten, auf die vielen Lebewesen auf unserer Erde, auf all das, was wir aus der langen Geschichte des Werdens und Vergehens so vieler Welten erfahren und erahnen.

Auch wenn ich mich sehr wichtig nehme: Wie klein, wie unbedeutend bin ich im Weltall! Und doch spüre ich: Ich darf teilnehmen am Geschehen im All, vieles erkennen, benennen, anrufen. Auch ich kann von anderem beachtet, berührt werden: von der Schönheit, von dem Gruß, den ich von Pflanzen, von Tieren und natürlich auch von anderen Menschen aufnehme. Aber vor allem darf ich mich dem öffnen, der allem Leben das Dasein gibt, der auch mich persönlich anruft und mich beauftragt, in dieser Welt zu wirken. Ich trage in mir den, der alles trägt.

Wie groß sind deine Werke, Herr, wie tief deine Gedanken.

Psalm 92,6

Die Tauf- und Weihwasserschalen in unseren Kirchen erinnern an das Geheimnis des Wassers. Wasser ist Quelle des Lebens, der erfrischenden Freude und Schönheit. Wassermangel bedroht die Fruchtbarkeit der Erde. Überschwemmungen bedrohen Menschen und Tiere. Alles auf Erden kann Heil, kann Verderben bringen. Der Glaube gibt uns freilich die Gewissheit, dass das Schädliche, Böse, Tödliche nicht letztes Wort der Geschichte der Welt und unseres eigenen Lebens ist. Das Ja des Ursprungs hat zwar die freie Ablehnung ermöglicht. Aber in Christus hat die Fülle des Ja sich dem Nein ausgesetzt und so dem Leben über den Tod den endgültigen Sieg ermöglicht. So taucht Jesus, das fleischgewordene Ja, in die Fluten des Jordan ein, um unterzugehen und aufzustehen als Zeichen des neuen Lebens. Wir dürfen mit Christus begraben und durch die Taufe mit Christus auferweckt werden und als neue Menschen leben (Röm 6,4). Daran erinnert uns der Taufbrunnen und jedes Weihwassergefäß. Wenn wir mit Wasser gesegnet werden, dann ist dieses Wasser eine Erinnerung daran, dass wir durch Christus neues Leben empfangen haben.

Gott, du mein Gott, dich suche ich, meine Seele dürstet nach dir.
Nach dir schmachtet mein Leib
wie dürres lechzendes Land ohne Wasser.

Psalm 63.2

Auf unseren Wegen und Wiesen, die scheinbar nur uns gehören, begegnet uns eine Vielzahl von Tieren. Oft achten wir nicht darauf, oft schauen wir auf das, was sie uns nützen oder welchen Schaden sie anrichten. Aber sie sind Mitgeschöpfe, Gefährten, die uns Gott in der vielfältigen Schöpfung zur Seite stellt. Es gilt zu entdecken, wie gerade die Tiere auf je eigene Weise das Lob des Schöpfers singen, wie sie auf vielfältige Weise etwas von der Weisheit, von der Kraft, von der Schönheit des Schöpfers wiedergeben. Darum kann etwa der Psalmist all die verschiedenen Wesen aufrufen, in den Lobpreis Gottes einzustimmen. So nennt der Psalm 148 nicht nur die Engel des Himmels, sondern auch Sonne, Mond und Sterne, Berge und Hügel, Feuer und Hagel, Meer und Nebel, die wilden Tiere und die Seeungeheuer, Kriechtiere und gefiederte Vögel und alles Vieh, dass sie den Schöpfer loben sollen.

Lobt den Herrn, ihr auf der Erde … ihr Berge und all ihr Hügel,
ihr Fruchtbäume und alle Zedern, ihr wilden Tiere
und alles Vieh, Kriechtiere und gefiederte Vögel.

Psalm 148, 7,9f

Manchmal wird der Weg beschwerlich. Es zeigen sich Hindernisse: Wasser, Steine, schwierige Menschen in meiner Umgebung, die eigene Müdigkeit. Aber da tut sich die Möglichkeit auf, das Hindernis zu überspringen, die eigene Lebendigkeit zu entdecken. In den Stunden des Zweifels, wie es weitergeht, in der Versuchung aufzugeben dürfen wir uns an den Schöpfer erinnern und seine Hilfe und Stärkung erfahren. Psalm 57 hat die Flucht Davids vor dem ihn verfolgenden Saul vor Augen. Es ist die Hoffnung auf den neuen Anfang. *»Wach auf, meine Seele! Wacht auf, Harfe und Saitenspiel. Ich will das Morgenrot wecken«* (Ps 57,9). Der Psalm 150 fasst alles in festliches Lob zusammen: *»Lobt ihn mit Pauken und Tanz. Lobt ihn mit Flöten und Saitenspiel«* (Ps 150,4). Die Hinwendung zu Gott, die Erinnerung an seine Herrlichkeit, an seine Güte, die immer wieder einen neuen Morgen schenkt, lässt loben und singen, spielen und tanzen. Da erwacht neue Freude und neues Vertrauen. Wenn wir immer wieder uns zum Lob Gottes versammeln, dann werden wir wieder neu lebendig und können Hindernisse überspringen.

Mit dir erstürme ich Wälle;
mit meinem Gott überspringe ich Mauern.

Psalm 18,30

Mitten in der Landschaft vor dem Tatzelwurm stehe ich vor einer Marienkapelle. Mitten im August feiert die Kirche das Fest der Aufnahme Mariens in den Himmel. Die Gestalt Marias ist für uns ein Zeichen. Der Weg des Menschen geht durch viele Widersprüche und Katastrophen und ist vom Untergang bedroht. Aber es ist auch ein Weg, der getragen wird von ewiger Liebe, vom Ja Gottes zum Menschen und zu seiner Welt. Maria hat zu diesem Ja, zu ihrer Erwählung Ja gesagt. Sie hat das ewige Ja Gottes ganz aufgenommen, das Ja zu ihrer Seele und zu ihrem Leib, zu der Geschichte ihres Sohnes, der in dieser Welt Widerspruch und Ablehnung, das Nein des Todes findet. An ihr erfahren wir: Das Irdische ist nicht verloren, dem Untergang, der Vernichtung, dem Tod preisgegeben, sondern zur Teilhabe an ewiger Herrlichkeit erhoben. Gott ist in Maria Mensch geworden, damit wir mit ihr Ja sagen zum Ja Gottes zu Mensch und Welt. Der ganze Mensch, der ganze Kosmos soll in einer uns nicht vorstellbaren Weise hineinverwandelt werden ins ewige Leben Gottes.

Du, Herr, lässt meine Leuchte erstrahlen;
mein Gott macht meine Finsternis hell.

Psalm 18,29

Wir blicken noch einmal auf die Gestalt Marias. Die kirchliche Tradition lässt nach der Aufnahme Mariens in den Himmel noch das Geheimnis der Krönung folgen. Krönung meint im Sprachgebrauch die Vollendung eines Lebenswerks, einer Karriere. Die Geschichte zeigt uns, wie rasch irdische Machtansprüche bedroht wurden, wie irdische Kronen abgelegt werden mussten und höchstens noch in Museen an vergangenen Glanz erinnern. An Maria sehen wir, dass sie, die sich ganz der Liebe Gottes hingegeben hat, in dieser Liebe gekrönt ist, weil keine Macht sie aus dieser Liebe vertreiben kann. Dieses Kind trägt ja die Weltkugel in der Hand und Maria darf das Zepter in der Hand tragen und umgeben sein von einem Strahlenkranz, der alles Dunkel ausschließt. Sie trägt das Kind, dessen Krone ihre eigene Krone überragt. Maria, in den Himmel aufgenommen und gekrönt, ist ein Bild für alle, die an Christus, die an die göttliche Liebe glauben. Am Bild der gekrönten Maria dürfen wir auch unsere Zukunft sehen, dass wir in der ewigen Liebe Gottes vollendet werden mit Christus, dem Sieger über Tod und alle Vergeblichkeit.

Lobe den Herrn, meine Seele … der dein Leben vor dem Untergang rettet und dich mit Huld und Erbarmen krönt.

Psalm 103,1.4

Keiner lebt für sich allein, wir gehören zu einer Gemeinschaft, zur Gemeinschaft der Menschheit, der Gemeinschaft des Glaubens. Wir haben ein gemeinsames Ziel, zu dem wir uns immer wieder zusammenfinden. Das ist in den Prozessionen, in den Bittgängen und Wallfahrten ausgedrückt. So geht der Zug der Menschen durch diese unsere Welt an den Wiesen und Wäldern vorbei. Wir gehören zusammen, wir haben ein großes gemeinsames Ziel. Kreuze und Banner, Bilder der schon Vollendeten gehen uns voraus. Ich kann von ferne zuschauen, wie sich solch eine Gemeinschaft fortbewegt, gemeinsam betend und singend. Bleibe ich stehen und schaue zu? Oder gehöre ich auch zu den Menschen, die ein gemeinsames Ziel haben und dies im gemeinsamen Gehen ausdrücken? Ich weiß um die Schönheit der Natur, um die Schönheit menschlicher Gestaltung der Erde, aber ich weiß auch, wie sehr das alles bedroht, vom Verfall gezeichnet ist. Wie schön ist es, wenn ich mich in solch einen Zug gemeinsamer Hoffnung einreihen kann, auf solch einem Weg meiner Heimat, auf den Wegen der Menschheit.

Zum Lobgesang wurden mir deine Gesetze
im Haus meiner Pilgerschaft.

Psalm 119,54

Bäume im Wald können uns erfreuen und erschrecken. Der eine Baum kann Verwundungen an sich tragen, sich merkwürdig auseinander bewegen, Unruhe und Bedrohung ausstrahlen – mitten unter Bäumen, die vielfältig sich im Mantel grüner Blätter zeigen. So ist unsere Welt: sich prachtvoll und machtvoll entwickelnd, aber doch auch immer wieder verletzt, nicht gerade emporwachsend, Widerstand findend, aufbrechend und untergehend. Wir leiden unter dem Widerspruch in der Entwicklung der Natur und der menschlichen Geschichte. Gibt es eine Entwicklung zum Guten, zum Besseren? Oder droht am Ende Chaos und Untergang? Vor diesem Baum ist aus Holz gefertigt der Gekreuzigte, weit seine Arme ausbreitend. Sein Untergang hat den Tod, das Widrige, die Sinnlosigkeit besiegt. So können wir in allen Untergängen und Entwicklungen in Natur und Geschichte doch den Zusammenhang, den Sinn des Ganzen erahnen, können ein Ja sagen, das alles Nein überwindet.

Mich plagen Not und Bedrängnis,
doch deine Gebote machen mich froh.

Psalm 119,143

Wir blicken auf eine Landschaft, in der wir einen weiten blauen Himmel und weiße Wolken sehen. Aber auf das Land vor uns fallen lange Schatten. Die Schatten werden länger zum Abend hin, in der Herbstzeit, immer wieder in unserem Leben. Wir sprechen davon, dass auf eine Beziehung zwischen zwei Menschen, dass auf das gute Vorankommen im Beruf, dass auf unsere Gesundheit ein Schatten gefallen ist. Das mag uns betrüben, Angst machen, vielleicht manchmal verzweifeln lassen. Aber da ist es wichtig, dass wir nicht nur auf den Schatten sehen, dass unser Blick auch auf die hellen Bereiche der Welt fällt, dass wir gewiss werden: Der Schatten entsteht, weil der Sonnenstrahl sich an den Bäumen, sich an Hindernissen bricht, dass es Nacht wird, weil die Erde der Sonne den Rücken zugewandt hat. Auch wir erleben ja bei der Wanderung durch die Natur, dass wir Schatten auf die Erde werfen, wenn die Sonne in unserem Rücken ist, dass es hell wird, wenn wir uns umdrehen und der Sonne entgegenschauen. Dieser Umkehr bedürfen wir immer wieder. Vor allem muss es uns ein Anliegen sein, dass nicht durch unsere Unachtsamkeit ein Schatten auf das Leben anderer fällt. Wir gehen durch Schatten und Licht, aber wir dürfen uns immer wieder neu dem Licht öffnen.

Verwirf mich nicht von deinem Angesicht
und nimm deinen heiligen Geist nicht von mir.

Psalm 51,13

Die hölzernen Kirchenbänke tragen einen Schmuck, vermutlich von einer Hochzeitsfeier. Da wird der Kirchenraum zum Festsaal, mit der Lebendigkeit von Blumen und Pflanzen erfüllt. Das macht ja deutlich: Der ehrwürdige Kirchenraum, vielleicht schon Jahrzehnte oder Jahrhunderte alt, wird lebendig in der Freude eines einmaligen Ereignisses. Der alte Raum der Kirche, unserer Gesellschaft muss immer wieder mit neuem Leben erfüllt werden. Dieses neue Leben ist uns anvertraut. Wir dürfen stolz sein auf unsere Tradition, auf das Gebäude, das uns überkommen ist, aber wir sollen es jetzt mit neuem Glanz erfüllen, mit Blumen, mit unserem Gesang, mit bewegender Musik, mit unserem Gebet, mit unseren Gedanken und Gesten von heute. Der Kirchenbau ist uns überkommen und gibt uns die Gewissheit einer großen Tradition. Aber unser Sinnen und Beten, unsere Begegnung miteinander und mit Gott können vergehen, verwelken wie die Blumen. Der Raum bleibt und gibt uns die Gewissheit einer langen Tradition, aber diese nützt nichts, wenn sie nicht immer wieder mit neuen Klängen, Worten, Bitten erfüllt wird.

Höre, Tochter, sieh her und neige dein Ohr.
Der König verlangt nach deiner Schönheit;
er ist ja dein Herr, verneig dich vor ihm.

Psalm 45,11 f

Der Engel in Bad Tölz steht für uns alle, die wir eine ernste Aufgabe in unserem Leben haben, die Aufmerksamkeit und ganze Hingabe erfordert. Er ist von einem großen Flügel umgeben, von einer ihn tragenden und leitenden Macht. Manchmal sprechen wir davon, dass wir wie beflügelt uns einem Gespräch, einer Aufgabe widmen können. Da wird die Erfahrung der Schwerfälligkeit durchbrochen, wenn alles unerträglich erscheint. Uns ist zugesagt, dass Engel uns zur Seite stehen, dass sie uns behüten. Die Flügel sind ein Zeichen, dass Gottes Schutz und Geleit uns aus aller Trägheit und Schwerfälligkeit befreit. Der Glaube an die Engel führt uns hinein in die unsichtbare Welt, die unendlich weit ist und die uns hilfreich zur Seite steht. Engel helfen gerade das, was wir Menschen nicht begreifen können, zu verstehen und anzunehmen. So ist der Engel, der Maria die Botschaft bringt, der entscheidende Anruf, dass Gottes Liebe ganz in die Welt kommt und in Maria Fleisch wird, einer von uns. So deuten die Engel am Grab dessen Leere als Beginn des schlechthin Neuen. Der Engel ist Bote einer unendlichen Liebe, des Lichtes in der finsteren Nacht, des neuen Anfangs, der Siegesgewissheit, dass auch wir auf Flügeln getragen werden.

Ja, du wurdest meine Hilfe;
jubeln kann ich im Schatten deiner Flügel.

Psalm 63,8

Mitten in felsiger Landschaft ein stiller See, nur am Rand einige Bäume und etwas Gras. Diese unsere Welt ist voller Gegensätze, an denen wir auch zerbrechen können. Wie kommen wir in dieser Welt an das andere Ufer? Da ist das Schiff, für diesen abgelegenen Ort ein ungewöhnlich großer Dampfer, der uns Menschen aufnimmt und ans andere Ufer bringt. Menschen können sich zusammentun, überleben, wenn sie gemeinsam über das Wasser kommen, wenn sie Trennung, Isolierung, Einsamkeit überwinden. Wir Menschen dürfen gemeinsam überlegen und schauen, wie wir etwa ans andere Ufer des Achensees kommen, um zum Berg aufsteigen zu können. Wir sprechen vom Schiff der Kirche. So wird uns auch in den Wirrnissen und Begrenztheiten der Geschichte das gemeinsame Boot angeboten, in dem wir die Gefahren, die Bedrängnisse durchaus sehen, aber im gemeinsamen Streben und Suchen das andere Ufer erreichen. So ist es wichtig, die Gemeinschaft zu suchen, andere mit ins Boot zu holen und auf das gemeinsame Ziel gerichtet zu sein.

Ich will deinen Namen meinen Brüdern verkünden,
inmitten der Gemeinde dich preisen.

Psalm 22,23

Bei Wanderungen im Gebirge wurde ich manchmal an das Gedicht von Hermann Hesse erinnert: »Seltsam im Nebel zu wandern, Leben ist einsam sein. Keiner sieht den anderen, jeder ist allein«. Auch dies ist eine Erfahrung unseres Lebens, die uns eine Wanderung durch eine Nebelwand deutlich macht: Wir sehen niemand anderen mehr. Aber auch mitten in einer Gesellschaft kann uns dieses Empfinden überfallen. Soviel auch andere Leute um mich sind, ich spüre: Sie haben keine Ahnung, wie es mir im Inneren zumute ist. Es gibt Wegstrecken im Leben, die muss ich alleine gehen. Aber ich darf den suchen, der mich immer begleitet, auch wenn er scheinbar ganz ferne ist. Im Psalm 27 höre ich den Anruf: »Mein Herz denkt an dein Wort: Sucht mein Angesicht. Dein Angesicht, Herr, will ich suchen«. Der Herr gibt mir immer wieder Zeichen seiner Gegenwart, die aus dem Nebel auftauchen, wie auf dem Bild der Kirchturm von Wilparting. Der Kirchturm weist mich auf den einen Herrn hin und darauf, dass wir gemeinsam den suchen, der alle ruft.

Muss ich auch wandern in finsterer Schlucht,
ich fürchte kein Unheil; denn du bist bei mir.

Psalm 23,4

Auch Tiere sammeln sich unter dem Kreuz, hier die Schafe. Jesu ist ja nach dem Johannesevangelium der Hirt, der sein Leben hingibt für die Schafe (vgl. Joh. 10,11 f). Die Lämmer sind ein Bild für uns für alle, die auf seine Stimme hören werden. Das Schaf, das Lamm ist zugleich ein Bild für diesen Hirten selber. So weist der Täufer die ersten zwei Jünger auf Jesus hin: »Seht, das Lamm Gottes« (Joh. 1,36). Und so kann das letzte Buch der Bibel von der Hochzeit des Lammes sprechen. Wir dürfen uns mit den Schafen auf diesem Bild identifizieren und zugleich staunend wahrnehmen: Der Hirte hat sich selber ganz mit uns identifiziert. Der ganz Andere ist zugleich einer von uns. Wir sind nicht verloren.

Der Herr ist mein Hirte, nichts wird mir fehlen.

Psalm 23,1

INRI

Am blauen Himmel über dem von der Sonne beschienenen Petersberg im Inntal erscheint übergroß und deutlich der zunehmende Mond. Mich fasziniert immer wieder solch ein Aufscheinen des Mondes am helllichten Tag. Er ist ja das Licht der Nacht und ein Zeichen des Wechsels der Zeiten. Da rücken die Gegensätze, die verschiedenen Zeiten zusammen. Es ist gut, sich dem Wechsel der Zeiten zu stellen, den Tagen und Nächten des eigenen Lebens, den Jahren der Geschichte, den Jahrmillionen der Entstehung der Welt und ihres Vergehens. Die Kirche gibt mir das Gefühl des Bleibenden, des Bleibenden schlechthin, des Einen, der in die Vergänglichkeit der Geschichte eingegangen ist und doch der Ewige ist, in dem Tag und Nacht, Werden und Vergehen in eins zusammengefasst sind.

Jauchzt vor dem Herrn alle Länder der Erde.
Denn der Herr ist gütig, ewig währt seine Huld,
von Geschlecht zu Geschlecht seine Treue.

Psalm 100,1.5

Statuen und Bilder von Heiligen bekunden uns, dass wir nicht nur im Heute leben, sondern einer Geschichte zugehören, die durch viele Menschen geprägt wurde, Menschen mit verschiedenen Berufen, Wirksamkeiten, in Bedrängnissen und Herausforderungen. Wir können manche Ähnlichkeiten mit ihnen entdecken und doch zugleich spüren, dass sie aus einer Quelle lebten, die ihren Alltag prägte, die ihr Leben erleuchtete und Widrigkeit und Traurigkeit überwand. Wir können zu so mancher dieser Gestalten eine besondere Nähe verspüren, die uns ermutigt, auch nach einer solchen Quelle in unserem Leben zu suchen. Auf unseren Brücken (wie hier über den Inn) sehen wir oft den hl. Nepomuk, der getötet wurde, weil er das Missfallen des Herrschers erregt hatte. Er blickt nicht auf die herrschende Macht oder auf alle Bedrängnis, sondern auf das Kreuz, das er in seiner rechten Hand hält. Der Finger der linken Hand weist auf das Geheimnis des Geistes, der stärkt und zur Vollendung führt. Brücken lassen uns ans andere Ufer kommen, aber machen auch die Gefährdung deutlich, abzustürzen, nicht ans Ziel zu gelangen. Der Brückenheilige lässt uns vertrauensvoll ans andere Ufer gehen.

Bei Gott allein kommt meine Seele zur Ruhe;
denn von ihm kommt meine Hoffnung.

Psalm 62,6

Matheis Sebastian
Matheis Maria
BRUCKNER

Nicht ungern besuche ich Friedhöfe, vor allem in den Dörfern unserer Heimat. Da wird erinnert an vergangene Zeiten, an Menschen, die hier lebten und arbeiteten, Felder bestellten, Familienfeste feierten und immer wieder bedroht waren von Kriegsgefahren und von langen Leiden. Wir würden ja nicht im Jetzt leben, wenn nicht so viele Generationen vor uns da waren und diese unsere Erde gestalteten. Der Friedhof ist eine Erinnerung an Vergangenes, aber doch zugleich das Zeichen der Hoffnung. Die hier im Grabe ruhen, wollen unseren Blick nach oben lenken zum Herrn, der durch seinen Tod den Tod besiegt hat. Alles Irdische geht einer himmlischen Vollendung entgegen. Das ist die Hoffnung, die über allem Vergangenen aufgerichtet ist, das ist die Hoffnung, die allen Schmerz, alle Angst, alle Verzweiflung überwinden kann, die mich bereit macht für die kommende Welt.

Ich aber bleibe immer bei dir.
Du hältst mich an meiner Rechten.
Auch wenn mein Leib und mein Herz verschmachten,
Gott ist der Fels meines Herzens und mein Anteil auf ewig.

Psalm 73,23.26

Es ist Abend geworden und dunkel. Die Blätter sind abgefallen im November. Es wird kälter und wir spüren unsere Verlorenheit in dieser Kälte. Aber in diesem Dunkel ist der Reiter auf dem Pferd da, der den heiligen Martin verkörpert. Er hat seinen Mantel geteilt und einem anderen Wärme gegeben. Und so können sich Menschen versammeln und das Licht vor sich hinstellen. Im Dunkel und in der Kälte der Isolation, der Verlassenheit und der Ausbeutung geht das Licht auf für den, der mitleidet, für den, der teilt. Das Licht geht für ihn auf wie dem heiligen Martin, der Christus in den Armen sieht und so zu einem Leben des Glaubens und der Liebe geführt wird. Wo einer die Not des anderen sieht und hilft und teilt, da geht im Dunkel ein Licht auf. Das Leben, die Welt beginnt anders zu werden.

Herr, du hast die Sehnsucht der Armen gestillt.
Du stärkst ihr Herz, du hörst auf sie.

Psalm 10,17

Im Münchner Südlichen Friedhof faszinieren mich zwei Bronzefiguren, von Ferdinand von Miller 1885 gestaltet. Es ist das Grab der Familie Humplmayer, die einen Sohn in jungen Jahren verloren hat. Auf dem Podest sitzt ein Engel mit weiten Flügeln und neigt sich zu einer Frau, die sich von unten an ihn wendet, wie wenn sie sich an der Schulter festhalten wollte. Der Engel neigt sich ihr zu und umarmt sie liebevoll am Nacken. Ist es der verstorbene Sohn, der sich nun in einen Engel verwandelt hat? Ist es sein Engel, der ihn vertritt? Wir Menschen können niemanden auf Erden festhalten. Wir sollen den Trost des Engels annehmen. Sosehr wir uns immer wieder an unsere Verstorbenen erinnern dürfen, sosehr wir auch an das denken dürfen, was uns nahestehende Menschen auch in Zukunft hätten bedeuten können, so wichtig ist es auch, an das neue Leben zu denken, in das sie eingegangen sind. In der Liebe Gottes bleiben sie auch uns zugewandt, möchten uns mit hineinführen in die gemeinsame Zukunft bei Gott. So wendet sich unser Blick von der Vergangenheit und von dem, was wir verloren haben, zur gemeinsamen Zukunft in Liebe.

Ich sehne mich, Herr, nach deiner Hilfe
und deine Weisung macht mich froh.
Lass meine Seele leben, damit sie dich preisen kann.

Psalm 119,174 f

Im Wald begegnen wir auch dem Verfall. Bäume – vom Menschen gefällt, von Unwettern umgerissen, entwurzelt, altersmüde und dürr geworden – wir werden inne, dass alles Leben bedroht, dem Vergehen ausgesetzt ist. Die Bestrebungen des Menschen, weiterzukommen, zu einem bleibenden Ziel zu gelangen, sind immer wieder vom Scheitern bedroht. Einst blühende Landschaften sind verödet und verdorrt. Bäume können sehr alt werden und doch tragen sie die Vergänglichkeit an sich. So kann ich mich auf einen Baumstumpf setzen und daran denken, dass auch ich vergänglich bin, dass von all dem, was ich auf Erden geschaffen habe, was mich freut an schönen Dingen und an erzielten Erfolgen, dass all das nicht bleibt. Es bleibt das schöpferische Wort, das mich geschaffen hat und liebt. Angerufen bin ich von einer Liebe, die ich im innersten Herzen erspüren kann. Diese Liebe, die mich, die andere, die alles Endliche umfasst, ist ewig. Ich öffne mich ihr und erfasse in meiner Vergänglichkeit zugleich das Bleibende. Da ist der Tod nicht das letzte Wort. Das letzte Wort ist Leben, ewiges Leben.

Gott ist ein Gott, der uns retten will.
Gott, der Herr, führt uns heraus aus dem Tod.

Psalm 68, 21

Auf den dunklen See, auf die dunkle Welt bricht ein Lichtstrahl durch die Wolken. Er spiegelt sich noch leicht auf dem Wasser. Viele Täuschungen haben uns müde gemacht. Nachrichten aus aller Welt über Elend und Ungerechtigkeit verwirren uns. Die Vergeblichkeit menschlicher Einsätze lässt uns resignieren. Aber da bricht dieses Licht in unsere Welt ein und lässt uns hoffen: Über den Wolken ist weiter ein Licht. Mitten im Chaos ist die Sehnsucht nach Befriedung und Erlösung. Wir werden im Advent immer wieder das »Komm, Herr« anstimmen. Wir dürfen wie die Jünger, die der Auferstandene auf Erden zurückgelassen hat, voll Sehnsucht erflehen, dass er durch seinen Geist in uns wirke. Komm, Heiliger Geist, komm, wirke in uns mit deinen Gaben. Weihnachtsgeschenke sind ein Zeichen dafür, dass wir immer wieder beschenkt werden und selber Freude am Schenken erfahren.

Das Volk, das im Dunkel lebt, sieht ein helles Licht.
Über denen, die im Land der Finsternis wohnen,
strahlt ein Licht auf.

Jes 9,1

Bischofs- und Klosterkirchen weisen oft einen Kreuzgang auf. Begegnung mit Gott geschieht nicht nur im Knien, Sitzen oder Stehen, sondern auch im Gehen, im langsamen und besinnlichen Schreiten. Vielfältige Deckenfresken erinnern an den Weg der Heilsgeschichte. Wir dürfen nach oben blicken und auf die vielen Gestalten der Geschichte des ersterwählten Volkes und der Geschichte der Christenheit schauen. Wir erfahren, dass Gott durch Menschen in der Geschichte wirkt, dass er den Weg mit uns geht, dass er in Christus selber unseren irdischen Weg bis zum Tod am Kreuz geht. Er solidarisiert sich ganz mit unserem Elend, unserer Not und unserer Todverfallenheit und erschließt uns so den Weg in seine Herrlichkeit. So dürfen wir uns im Advent auf den Weg machen, die Verheißungen der Propheten aufnehmen und mit Sehnsucht das Kommen des Herrn erwarten.

Dies sei aufgeschrieben für das kommende Geschlecht,
damit das Volk, das noch erschaffen wird,
den Herrn lobpreise.

Psalm 102,19

Oft zeigen uns barocke Kirchen eine Fülle, der nichts mehr hinzugefügt werden kann. In der Fastenzeit werden oft die bunten Altäre verhüllt, damit wir uns auch dem Leerwerden widmen können. In der Dillinger Kirche ist jetzt der ganze Hochaltar verdeckt durch einen hohen Christbaum. Wenn wir das Weihnachtsfest bereitend einen Baum mit Lichtern aufstellen, dann soll deutlich werden: Es tritt etwas Neues in unsere gewohnte Welt. Der hochaufragende Baum steht für das, was aus unserer Erde, aus der menschlichen Armseligkeit Neues erwächst, das schlechthin Neue, das Licht in die Dunkelheit der Welt bringt. So wird der Baum zum Zeichen dafür, was Weihnachten bedeutet. Mitten in unserer so dunklen, verfallenden Welt tritt neues Leben hervor, das uns erleuchtet und befreit. Was einst vor zweitausend Jahren in Bethlehem sich ereignete, ist der immer neue Anfang. Der Tannenbaum ist ja nicht so wie die Laubbäume dem Verlust seines Kleides ausgeliefert. So ist Weihnachten für jeden von uns der neue Anfang, der uns erfassen will, dem wir uns immer neu zuwenden können. Wenn wir den Baum bei uns aufstellen, wird uns deutlich: Wir dürfen den Anfang des Heils in unserer Mitte erfahren.

Kommt und seht die Taten Gottes!
Staunenswert ist sein Tun an den Menschen.
Alle Welt bete dich an und singe dein Lob.

Psalm 66,5 u.4

Weihnachten offenbart, dass unser Weg mitten in unserer vergänglichen Welt ein Ziel hat, das unvergänglich ist. Da sind die Hirten, die von ihrer Schafherde kommen, da sind die drei Weisen, die aus der Ferne sich auf den Weg gemacht haben und Geschenke bringen. Und der da sich niederkniet, erfährt, wie das Kind auf dem Schoß Mariens sich ihm ganz zuwendet, ihm entgegengehen will und ihm die segnende Hand zeigt, ihm zuspricht: Du, gerade du bist vom Ewigen geliebt, darfst ewiges Heil mitten in deiner so gefährdeten und bedrohten Welt erfahren. Das ist die Frage auch an mich: Gehöre ich zu den Menschen, die nur an ihre Herrschaft denken, die sich gegen andere durchsetzen wollen, die gleichgültig bleiben in ihrem Alltag? Oder mache ich mich auf wie die Hirten, wie die drei Weisen, um den zu entdecken, der auch für mich Leben ist und der mit mir geht auf allen meinen weiteren Wegen?

Ich aber bleibe immer bei dir.
Du hältst mich an meiner Rechten.

Psalm 73,23

Hans-Günther Kaufmann arbeitete seit seinem 18. Lebensjahr als Mode- und Werbefotograf. Eine Lebenskrise und die Freundschaft mit Abt Odilo Lechner lösten einen radikalen Wandel seiner Interessen aus. Seither versucht er mit dem Medium der Fotografie und des Films, die existenziellen Grundlagen christlicher Werte zu vermitteln.

Dr. Odilo Lechner OSB, leitete von 1964 bis 2003 die beiden traditionsreichen Klöster Sankt Bonifaz in München und Andechs auf dem Heiligen Berg. In seiner Amtszeit wurde die kriegszerstörte Basilika Sankt Bonifaz wieder aufgebaut. Altabt Odilo Lechner ist bis heute als Kolumnist, Buchautor, Firmspender und Referent tätig.